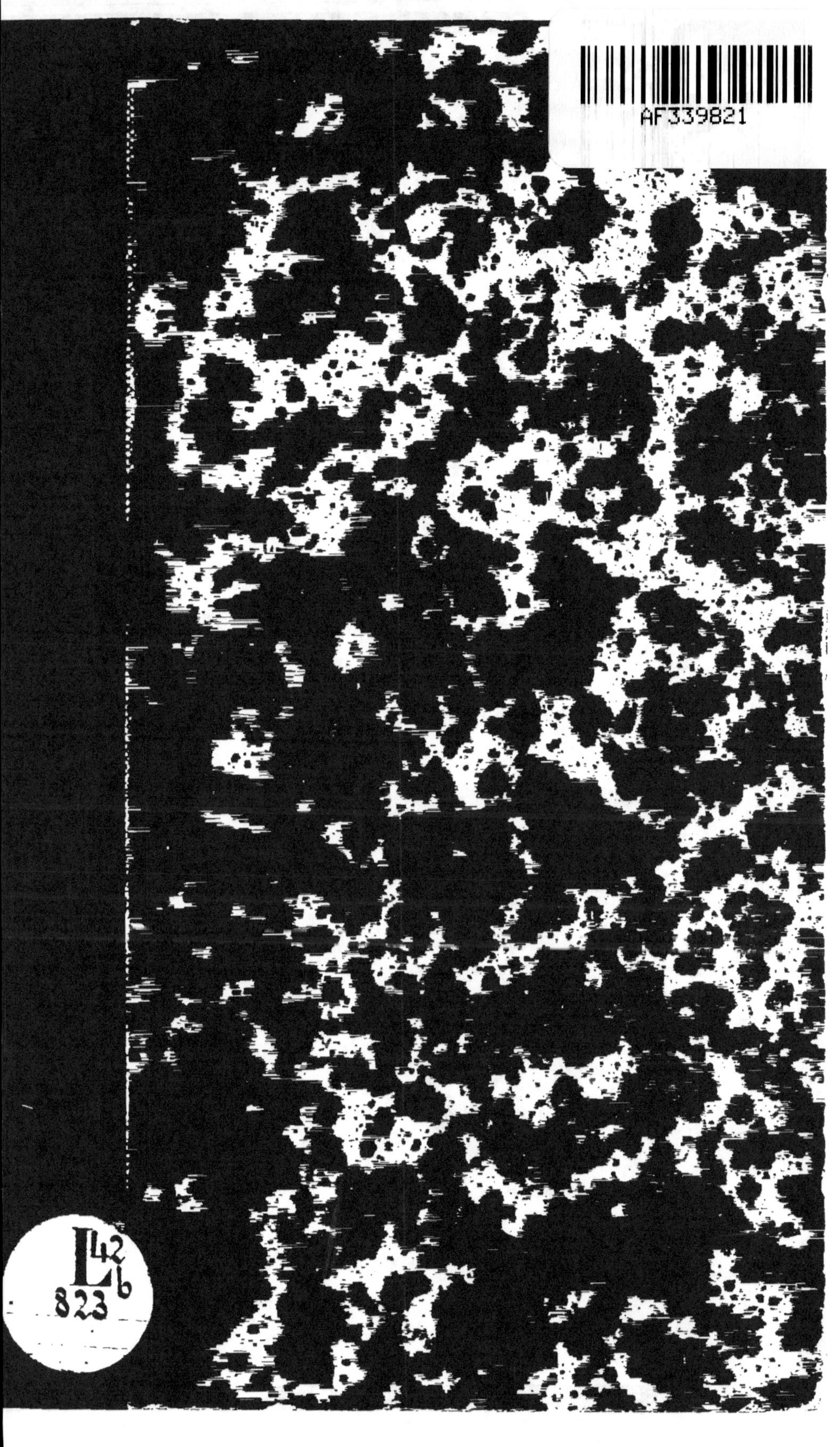

COUP D'ÉTAT

DU

DIX-HUIT BRUMAIRE.

1819

IMPRIMERIE DE FAIN, PLACE DE L'ODÉON.

Bigonnet (j. adr.) anc. représt. du peuple

coup d'état du 18 brumaire

Paris, Brissot thivars, 1819

Brochure in 8°. de 32 pages

—

— Napoléon Bonaparte considéré pour le
rapport de son influence sur la révolution
Paris, Brissot thivars, 1821. in 8°. de 60 pages

COUP D'ÉTAT

DU

DIX-HUIT BRUMAIRE,

Par M. BIGONNET,

REPRÉSENTANT DU PEUPLE, MEMBRE DU CONSEIL DES CINQ CENTS,
EXCLU LE DIX-NEUF BRUMAIRE AN VIII.

PARIS,

AU BUREAU DU CENSEUR EUROPÉEN,
RUE GÎT-LE-COEUR, N°. 10.

Et chez Brissot-Thivars, à la Librairie Constitutionnelle,
rue Neuve-des-Petits-Pères, n°. 5.

1819.

AVERTISSEMENT.

Cet écrit n'est autre chose que le compte que je me rendis à moi-même, après le mémorable événement du 18 brumaire, de mes pensées et de mes actions, en ma qualité de député au conseil des cinq cents. Je n'ai eu, depuis, et n'avais encore, aujourd'hui, aucune intention de le faire connaître ; mais la discussion qui s'est élevée à la chambre des députés, sur la pétition du capitaine Pourée, et la doctrine entièrement subversive de tout ordre politique fondé sur une représentation nationale, mise en avant par M. de Puymaurin, me font un devoir de rendre un hommage public à la vérité, sur le fait de l'assassinat de B.... à Saint-Cloud. Je désire encore plus de réunir mes efforts à ceux que l'on fait chaque jour pour dissiper le nuage épais dont tant d'intérêts ont couvert ce que la révolution a produit de grand et de généreux, en remettant sous les yeux des Français l'important tableau d'une assemblée *de cinq cents factieux* qui bravent les proscriptions et la mort pour la défense de la constitution et des lois de leur pays.

COUP D'ÉTAT

DU

DIX-HUIT BRUMAIRE.

SANS avoir l'intention de traiter ce sujet d'une manière très-étendue, il est bon toutefois de reconnaître que ce fut au moment où le ressort révolutionnaire se brisa dans les mains d'hommes qui n'avaient pas su le maîtriser ; que ce fut au moment tant souhaité et si vivement applaudi de tous les amis de la liberté ; que ce fut au *neuf thermidor* enfin que la cission fatale qui s'était opérée au *trente-un mai*, dans le parti républicain, prit ce caractère d'animosité qui a vicié tous les gouvernemens qui se sont succédés depuis cette époque mémorable, et les a constamment maintenus dans la crise des proscriptions.

Il suffit de se rappeler cette suite de *coups d'état*, tous entrepris pour sauver ou affermir la république, et qui ne devinrent tous que des occasions de servir l'ambition et les vengeances de quelques individus.

D'aussi funestes déchiremens, en affaiblissant le zèle de la plupart des hommes attachés à la révolution, avaient réduit les principales autorités à un isolement qui semblait leur permettre de tout entreprendre sans obstacles, mais qui les privait de cet appui de l'opinion, sans lequel la volonté la plus déterminée de faire le bien, devient toujours impuissante.

De telles circonstances, aggravées encore par l'abus des scissions, introduit dans le mode des élections, et surtout par l'inique et scandaleuse mutilation de celles de l'an VI, ne devaient être favorables qu'aux partis ; et celui qui a triomphé le 18 brumaire, jeta ses premières racines dans le corps législatif, par l'élection qui eut lieu cette même année de Lucien Bonaparte pour le conseil des cinq cents : ce parti vit naître l'année suivante ses plus solides espérances dans la nomination de Sieys au directoire exécutif.

Cet homme, dont les principes et les théories en gouvernement parurent toujours livrés aux incertitudes et aux abstractions, se trouva entouré, dès son installation, de quelques députés disposés, par des motifs plus ou moins coupables, à servir ses projets *d'ordre et de perfectionnement*, tandis que Lucien Bonaparte, qui s'était acquis, par son caractère et ses talens, une très-grande influence dans le conseil, crut devoir se rapprocher de ces novateurs, et entreprit de mettre à profit leurs moyens et leurs passions, et surtout leur science consommée des mouvemens politiques.

Ce fut sans doute à ce moment que le plan fut arrêté, les rôles distribués, et qu'il fut insinué et reconnu que, pour paraître avec plus d'avantage sur cette scène périlleuse, il était nécessaire d'y mettre en évidence un militaire ayant une réputation assez haute pour fixer toutes les attentions, et détruire les résistances ; et quel homme plus propre à remplir ces desseins que celui dont l'ambition avait été jusque-là si bien servie, et dont l'audace s'était nourrie dans les combats par plusieurs succès éclatans! Bonaparte fut donc choisi pour cette nouvelle *expédition*, et des intelligences furent établies au dedans et au dehors, soit pour l'instruire du moment où son retour d'Égypte serait nécessaire, soit pour assurer son passage au travers des croisières ennemies (1).

____

(1) Moreau, puis Joubert, avaient été précédemment destinés à ce grand œuvre. Le premier, se trouvant avoir perdu de sa popularité, ne voulut pas s'en charger. Le second, de qui j'en reçus la confidence presque entière, après s'être fait avantageusement connaître à Paris dans le commandement qui lui en fut confié pendant trois mois, dut, par son mariage et l'évacuation de l'Italie, obtenir l'illustration et le crédit nécessaires ; c'est dans ce dernier effort qu'il perdit glorieusement la vie.

L'un et l'autre de ces grands capitaines eussent présenté

Un soin non moins important dut occuper les chefs du complot, ce fut celui de lever les obstacles. Il s'en présentait un surtout, difficile à surmonter, dans la majorité des membres du directoire, qui, par le sentiment de leur devoir ou de leur intérêt, et par celui de leurs forces, n'étaient pas jugés dans la disposition de remettre complaisamment les rênes du gouvernement. Leurs anciens rapports avec un grand nombre de membres des deux conseils auraient pu, en un instant, déconcerter tous les projets par la seule union de ces autorités : il était urgent de prévenir ce danger.

C'est ici que commencent à s'expliquer les événemens du *trente prairial*, qui n'ont été, bien évidemment, que préparatoires de ceux du 18 brumaire.

Il fut donc résolu de s'affranchir de l'importunité des directeurs *Treillard*, *Merlin et La Revellière*.

L'occasion ne pouvait d'ailleurs être plus favorable. Le désordre, introduit dans l'administration de la guerre, avait facilité les progrès de l'ennemi; les finances éprouvaient des besoins toujours croissans, pour lesquels on était forcé de recourir à des impôts onéreux ; l'insurrection des départemens de l'Ouest avait repris un caractère alar-

---

sans doute au parti plus de facilité, mais ils lui donnaient aussi bien moins de garantie du succès.

mant; toutes ces circonstances jetaient dans l'âme des républicains le mécontentement et l'inquiétude, et leur inspiraient depuis long-temps le désir d'arrêter le cours de ces désastres, dont ils ne pouvaient apercevoir la cause que dans la coupable conduite des gouvernans.

Il ne fut donc pas difficile de trouver, dans un parti naturellement enclin à la sévérité, l'instrument que l'on pouvait employer le plus efficacement à l'élimination que l'on se proposait, et Lucien dut se montrer le plus ardent à poursuivre la réparation des malheurs publics, attribués vaguement à l'impéritie ou à la trahison de la majorité des membres du directoire.

L'on parvint bientôt, en effet, à s'assurer l'appui de tout ce que le conseil des cinq cents renfermait d'hommes que l'ardente passion du bien détourne trop souvent d'un profond examen, et de cette sage prévoyance, si nécessaire à quiconque est chargé d'aussi grands intérêts.

Ce fut la commission militaire dont Lucien était membre qui devint son centre de mouvement. Membre aussi de cette commission, j'avoue que je fus étonné que, chargée uniquement de présenter au conseil un travail tendant à fixer les dépenses du département de la guerre pour l'an VIII, elle fut tout à coup détournée de son objet; et que, réunie à celles des finances et de la marine, respectivement établies pour le même

but, ces commissions fussent amenées à délibé-
rer en commun, et à prendre d'elles-mêmes l'ini-
tiative des dénonciations et des mesures propres
à sauver la France de la position critique où elle
se trouvait.

Je n'avais pas moins de peine à concevoir sur
quel fondement l'on désignait nommément la
majorité responsable des membres du directoire.
L'accusation d'ineptie ou de trahison dirigée
contre elle, ne me paraissait pas non plus satis-
faire à ce que la justice doit avoir de précis et de
rigoureux dans son langage; mais, avide de l'obtenir, je m'abandonnai à la pente qui paraissait
devoir y conduire, et la défiance ne put encore
s'emparer de moi.

Tandis que Lucien disposait ainsi ses moyens
d'impulsion, le directeur Sieys préparait ses affi-
dés, dans les deux conseils, à le seconder; et
leur exemple devait suffire pour pousser, dans le
même sens, cette *vague* de toutes les assemblées,
dont l'aveugle docilité porta toujours indifférem-
ment le vaisseau de l'état, tantôt vers le port,
tantôt contre les écueils.

Tout était prêt, lorsque sans doute un reste de
ménagement pour l'opinion publique, plutôt que
le désir de l'appeler à légitimer et à soutenir une
mesure extraordinaire, fit précéder l'attaque de
messages et d'adresses où les dangers de la patrie
étaient exprimés de manière à réveiller partout
l'énergie républicaine.

C'est encore du sein des commissions réunies que sortirent ces productions ; et c'est là qu'il fut aisé de s'apercevoir , par le contraste qui existait entre ces émanations pleines de force et de vigueur , et les froides discussions, les démarches faibles et incertaines auxquelles on se livrait chaque jour, que la seule intention était d'amener trois des directeurs à une transaction honteuse pour le corps législatif et pour eux.

Je ne sais à qui appartient l'ingénieuse découverte d'une irrégularité apportée il y avait un an dans l'élection du directeur *Treillard*; mais il est certain que ce scrupuleux formaliste décida du succès de l'entreprise; car , ce directeur une fois éloigné pour avoir été nommé quelques heures plutôt que la constitution ne le voulait , il devint aisé d'obtenir de *Merlin* et de *La Revellière* une satisfaction que les circonstances semblaient leur commander, et à laquelle les invitaient d'ailleurs *pour un bien de paix* leurs propres collègues , ainsi que le peu d'amis qu'ils avaient conservés dans les deux conseils.

Ils donnèrent en effet leur démission; et le salut de la république fut proclamé avec cette assurance familière à ses libérateurs de toutes les époques : les amis de la liberté s'en réjouirent aussi dans l'attente ordinaire des heureux effets de cette crise que ses artisans continuèrent néanmoins à maîtriser avec la plus grande habileté.

C'est ce que l'on peut remarquer surtout dans le remplacement des trois exclus, par des hommes que le patriotisme et la pureté de leur zèle rendaient dignes d'une aussi grande confiance, mais qui, peu familiers aux affaires du gouvernement, devaient être sans force en présence de leurs collègues, et ne pouvaient opposer qu'une faible résistance à l'influence dominante.

Il se fit cependant dans le ministère des changemens utiles; l'on se plaît surtout à se rappeler les prodiges qui s'opérèrent dans celui de la guerre, qui ont à jamais marqué cette époque et placé les noms liés de *Bernadote* et de *Masséna* sur le tableau des illustres défenseurs de la patrie.

Ces nouveaux succès durent ranimer l'esprit public : il se nourrit en effet des plus belles espérances; il produisit ces nombreuses adresses qui, en apportant aux deux conseils les témoignages empressés de la reconnaissance nationale, demandaient expressément la mise en accusation des ex-directeurs. Des sociétés politiques s'ouvraient de toutes parts, s'entretenaient dans les mêmes sentimens; et le jugement des hommes que l'on venait de repousser d'aussi importantes fonctions, paraissait à tout le monde une chose désirable pour eux-mêmes, et de devoir indispensable pour le corps législatif.

Une de ces sociétés, qui s'était formée à Paris,

et qui s'assemblait près du lieu des séances du conseil des anciens, parut agitée d'autres inquiétudes et fournit, aux régulateurs du 30 prairial, un prétexte pour changer la direction de leurs batteries. Ce qu'ils avaient voulu était obtenu; il ne pouvait plus y avoir pour leurs desseins ultérieurs que du danger à entretenir l'élan patriotique qu'ils avaient cru devoir favoriser un moment; il fallait donc l'arrêter, et c'est ce que Lucien obtint comme par enchantement dans la séance du....., au moyen d'un tableau de la *terreur*, dont il prétendit que la France était de nouveau menacée ; mot d'ordre connu, tactique infaillible de toutes les réactions !

A ces images lugubres tout le parti parut saisi d'épouvante ; il jura de résister à l'influence d'une opinion publique qu'il venait de réveiller par tant de cris d'alarmes, et il ne parvint à se remettre entièrement de sa frayeur qu'en provoquant un nouveau serment de *fidélité à la constitution*.

Les amis des ex-directeurs s'empressèrent de se rallier à se signal, dans l'espoir de les garantir des poursuites dont ils étaient menacés ; il sortit enfin de cette scène une nouvelle majorité formée d'élémens opposés entre eux, mais tous bien contraires à la volonté de réparer les maux produits par une administration faible et corrompue.

C'est alors que les gens de bonne foi, que fati-
guaient depuis long-temps tant de restrictions,
d'inconséquences et de lâchetés, commencèrent
à se les expliquer. C'est alors qu'ils purent juger
qu'au lieu de servir les intérêts de la république,
ils n'avaient fait que s'associer à une perfide *me-
née*, contre laquelle tous leurs efforts étaient de-
venus impuissans. Ils persistèrent cependant, et
s'ils durent échouer dans la poursuite des délits
imputés aux ex-directeurs, ils donnèrent du
moins une preuve de la droiture de leurs intentions et de respect pour la justice.

Leur tentative pour faire déclarer la patrie en
danger ne dut pas avoir plus de succès. La défec-
tion était dans leurs rangs, aucun accord dans
leurs vues, point de confiance dans leurs communications; toutes leurs démarches, privées d'ensemble, attestaient depuis long-temps les ravages
d'une faction puissante, et la déconsidération et
l'abandon devaient être la suite de ces différentes
luttes dans lesquelles ils se présentaient toujours
avec la même constance, mais avec un décrois-
sement sensible de forces et de moyens.

Il peut donc paraître celui qui doit prêter son
nom et son bras pour assurer à ses auteurs le fruit
de cette funeste décadence...... Bonaparte est à
Fréjus.

A cette nouvelle inattendue, et lorsqu'on vit
surtout ce général signaler sa rentrée, sur le ter-

ritoire de la république, par le mépris d'une loi
de sûreté, jusque-là si rigoureusement exécutée,
et se rendre en toute hâte à Paris, l'étonnement
fut universel. Les sentimens que sa présence fit
naître, se partagèrent selon la manière dont les
esprits se trouvaient diversement disposés, et la
défiance aurait pu les dominer tous; mais Lucien,
membre de la commission des inspecteurs des
cinq cents, et porté récemment à la présidence
de ce conseil, se trouvait placé pour tout observer, et pour presser le dénoûment de cette lon-
gue intrigue.

Brumaire s'écoulait. Les communications entre
les commissions des inspecteurs des deux conseils devinrent plus intimes. Une fête fut donnée
au général Bonaparte, à côté duquel une contre-
politique plaça le général Moreau. Les discussions
dans les deux conseils, quoique animées, ne pro-
duisaient cependant aucun résultat. Le gouvernement était de même entravé dans sa marche;
chacun enfin s'attendait à des événemens impor-
tans, lorsque la découverte de billets de convocation extraordinaire, commandés à l'impri-
meur par la commission des inspecteurs, fut, pour
l'opposition, une dernière occasion d'éprouver
sa faiblesse dans une séance secrète qui eut lieu
à ce sujet, et de se convaincre que le moment
décisif ne pouvait être éloigné.

Journées des 18 et 19, vous paraissez enfin!

Puissent les augures sous lesquels vous vous présentez, devenir plus favorables ! Puisse le génie, protecteur des peuples, faire respecter celui dont la magnanimité a forcé, durant dix années, l'admiration de l'univers, et que les maux dont ne cessèrent pour ainsi dire de l'affliger l'intrigue et l'ambition perverse n'ont point encore détourné de la volonté d'être libre !

Tels sont les vœux que formèrent tous les cœurs à la lecture d'un placard, signé *Bonaparte*, dont les murs de Paris furent couverts avec profusion dès le matin du 18. Il annonçait qu'une loi (si l'on peut appeler ainsi l'acte clandestin d'un petit nombre de députés réunis dans les deux conseils, à heure inusitée, sans arrêté ni convocation préalable), qu'une loi, en un mot, ordonnait qu'en vertu d'un article de la constitution, le corps législatif transporterait le lendemain ses séances au château de St.-Cloud, et chargeait, lui, Bonaparte, de veiller à la sûreté de cette translation, ainsi qu'à la tranquillité publique. Mais ce qu'il y avait de plus remarquable dans cette proclamation, c'était ce militaire qui, rappelant ses victoires, ses traités, et rapportant tout à lui seul, expliquait, par son absence, la reprise des hostilités, les revers de nos armées ; et, sans égard pour les faits éclatans qui venaient de les réparer en Hollande et en Suisse, indiquait sa présence comme l'unique garantie de la victoire et de la paix.

Ce ton protectoral, ou plutôt cette manière souveraine de régenter la nation toute entière, fit sur les esprits des impressions différentes : quel est, disait-on, ce langage extraordinaire? Est-ce un républicain justement affecté des attentats multipliés des ennemis de la révolution, qui se présente à la confiance publique avec l'expression absolue que peut donner l'habitude de commander aux armées, mais avec des titres recommandables et des intentions franches et libérales? Est-ce, au contraire, un agent du royalisme qui, à la faveur de sa célébrité et de l'influence qu'elle lui donne sur ses concitoyens, s'est chargé de relever le trône des Bourbons sur les ruines de la république? ou bien, enfin, n'est-ce qu'un ambitieux qui n'aurait été avide de gloire que pour la sacrifier à l'avidité plus grande d'un injuste pouvoir, et qui marche audacieusement à l'usurpation..... Mais suivons les événemens, c'est à eux de nous instruire.

Je ne m'arrêterai pas davantage à ceux de cette journée dont les détails ne me sont pas assez connus, et que d'autres pourront tracer avec plus d'exactitude. Il suffit de rappeler que l'appareil militaire fut déployé dans Paris, sans la moindre opposition, et sans que les citoyens de cette grande commune y prissent aucune part. A midi, les premières autorités de la république n'existaient déjà plus. Les portes des conseils étaient fermées aux représentans de la nation. La majorité du directoire était gardée à vue dans son palais, tandis que Sieys et Roger-Ducos, réunis aux commissions des inspecteurs, délibéraient au *quartier général* établi aux Tuileries, sur les moyens d'achever leur ouvrage. Il aurait pu, sans doute, se terminer à moindres frais ; car il est évident que les députés assemblés le matin auraient pu prononcer avec autant de succès sur l'ensemble des mesures projetées, que sur celle de translation ; mais ne faut-il pas toujours renverser les lois avec des apparences légales ?

L'on crut donc devoir employer des formes trop scrupuleuses assurément dans la circonstance, et qui pouvaient d'ailleurs faire naître des difficultés. On prétend même que c'est dans cette crainte que l'on médita l'arrestation à domicile des députés de qui l'on avait lieu de redouter quelque contradiction ; mais la confiance que donne une force armée dont on dispose, et sans doute des intelligences plus rassurantes encore établies parmi eux, firent abandonner ce parti.

Quoi qu'il en soit, c'est dans cet état de choses, dans la disposition la plus incertaine des esprits, au milieu de trois à quatre mille hommes de troupes, du silence et de l'apathie universels que les membres des deux conseils se réunirent le lendemain 19, au château de St.-Cloud.

J'annonce qu'il ne s'agit plus ici d'observations

plus ou moins justes , de conjectures plus ou moins probables , telles que j'ai pu en hasard.r sur les causes et les moyens mis en usage pour opérer cette révolution. C'est un simple récit de faits particuliers à la séance du conseil des cinq cents; et si, dans quelques circonstances, je rends compte de ma conduite personnelle , c'est qu'elle se trouve liée à quelques-unes de celles qui présen- tent le plus d'intérêt, et que j'espère leur donner par là plus d'authencité. Je m'abstiendrai sur- tout, avec soin, de toutes réflexions qui pour- raient blesser certains de mes collègues. Une faction qui, après avoir préparé elle-même la désorganisation, a l'art de se présenter en libéra- trice, et surtout en forces contre lesquelles la résistance est devenue impossible , intimide ou abuse facilement. Si quelques députés n'ont pas fait, à lavérité, dans cette circonstance, tout ce que l'on pouvait attendre de leur patriotisme et de leurs talens, des jugemens trop sévères et peut-être hasardés ne pourraient qu'offenser des hommes restés purs quoique ayant paru s'écarter de leur route dans cette horrible tourmente, ou affaiblir le mérite de quelques heureux retours; ni l'un ni l'autre ne saurait être dans mon intention. Ceux- là seulement seront restés bien coupables dont les événemens n'auront pu éveiller la conscience.

Une courte description des lieux destinés à re- cevoir les dernières assemblées des mandataires du peuple, et les dispositions qu'affectait de plus en plus le militaire à la discrétion duquel ils s'étaient livrés, peuvent arrêter un instant l'attention, sans qu'on puisse le trouver futile ni déplacé.

C'est la galerie du château, préparée avec soin, et l'on pourrait dire avec quelque magnificence, qui était destinée à recevoir le conseil des anciens, sur lequel il semblait que l'on voulût appeler toute la considération comme appui principal de l'entreprise; tandis que l'orangerie, disposée de la manière la plus incommode et avec une négligence et une mesquinerie affectées, devait servir au conseil des cinq-cents de lieu de délibération, ou plutôt de soumission à des décrets dont j'acquis seulement alors l'entière connaissance.

Je m'empressai d'en conférer avec mes collègues de la députation, et quelques autres avec lesquels nous étions plus particulièrement liés sous des rapports d'opinion, d'estime et de confiance. Tous les avis s'accordèrent : l'édifice constitutionnel, disions-nous, ébranlé par des secousses multipliées, exige sans doute des réparations; mais la volonté nationale n'étant point exprimée, et ayant même été présentée sans effet, par l'intention manifestée naguère dans le conseil de déclarer la patrie en danger, les propositions qui doivent nous êtres faites ne peuvent obtenir notre assentiment; la contrainte dont on paraît vouloir user envers nous, nous commande d'ail-

leurs une trop juste défiance ; et, quoi qu'il puisse
en résulter, nos devoirs et nos sermens nous
prescrivent de nous rallier plus fortement que
jamais au pacte social dont la garde nous est spé-
cialement confiée.

Je me trouvai raffermi encore dans cette ré-
solution, lorsqu'en parcourant le château, je vis
un officier, suivi de quelques grenadiers, qui fai-
sait dans les appartemens une espèce de police,
et qui disait à voix haute : *Je ne veux plus de
faction, il faut que cela finisse ; je n'en veux plus
absolument.*

Ces propos ne me parurent que très-extraordi-
naires ; mais je les interprétai plus sérieusement,
lorsque j'appris que cet officier était le général
Bonaparte que je n'avais point encore vu ; j'avoue
que ce ton d'autorité de la part d'un chef de force
armée en présence des dépositaires du pouvoir
légitime, m'indisposa jusqu'à l'indignation contre des innovations qui ne devaient être, selon
ces apparences, que le prélude du renversement
de la république.

Le sentiment de ce danger était peint sur presque tous les visages. Mais une sombre inquiétude
se manifeste généralement, lorsque, sur le midi,
le son des instrumens annonce l'ouverture de la
séance et appelle chacun à son poste, où des ris-
ques personnels peuvent l'attendre. L'on s'ache-
mine enfin vers le lieu indiqué ; Lucien Bona-

parte prend sa place au fauteuil; le bureau, les bancs se garnissent dans le plus morne silence; Émile Gaudin est à la tribune.

Le discours de ce député, les observations énergiques de Granmaison sur les intentions qu'il dévoilait, la démission très-significative du directeur Barras, la proposition faite par Delbred de renouveler le serment de fidélité à la constitution de l'an 3, ce serment prêté par la très-grande majorité du conseil avec l'accent de la plus courageuse bonne foi, avaient occupé les premiers momens de la séance, lorsque je pensai qu'il pouvait être utile d'étendre cette mesure aux troupes qui nous environnaient, et d'exiger que le général qui les commandait fît, en personne, dans le sein du conseil, cet acte de soumission.

J'avais demandé la parole dans l'intention de faire cette proposition, lorsque Texier-Olivier, à qui j'en fis part, me fit observer qu'elle tendait à légitimer les pouvoirs extraordinaires conférés par le conseil des anciens au général Bonaparte, et qu'il ne croyait pas que cela fût dans l'intérêt du moment, ni dans les vues de nos collègues.

Appelé à la tribune, j'y portai l'indécision que cette réflexion venait de jeter dans mon esprit; elle m'accompagna pendant mon court préambule. Enfin, la crainte de nuire à des moyens de résistance mieux conçus, l'emporta, et au moment d'énoncer ma proposition, je me bornai à appuyer celle de Granmaison, d'un message au directoire.

Je me serais dispensé, sans doute, de rendre compte de cette particularité, si je ne m'étais promis de faire connaître les différentes impressions que j'ai reçues dans cette étonnante circonstance, et si je n'éprouvais d'ailleurs le besoin de consigner ici le regret que je conçus à l'instant même, et qui ne s'est point encore affaibli, de ne m'être pas abandonné à une première idée qui pouvait avoir quelque influence sur les résultats de cette journée.

Tout paraissait néanmoins prendre une bonne direction. Jamais l'union n'était devenue plus nécessaire, jamais aussi elle ne se manifesta avec plus de franchise et de cordialité. Les démarcations, toutes les nuances même avaient disparu à tel point, que si la délibération eût pu s'établir avec quelque calme, il en serait indubitablement sorti des résolutions utiles, et peut-être favorables à l'ambition personnelle de Bonaparte : mais le coup fatal devait être porté !

En effet, des baïonnettes paraissent à la porte de la salle : aussitôt le conseil est debout ; tous les yeux se tournent de ce côté. Le tumulte s'accroît à mesure que l'on voit avancer des hommes armés : le cri de *hors la loi* se fait entendre de toutes parts.

Placé en ce moment auprès de la tribune, je

me porte au-devant d'un officier que j'aperçois à la tête de quelques grenadiers, et que je reconnais pour celui que l'on m'a dit, il y a peu d'instans, être le général Bonaparte.' *Que faites-vous, lui dis-je,* en le saisissant par les deux bras, *que faites-vous? téméraire! retirez-vous, vous violez le sanctuaire des lois.*

Moins étonné sans doute de cette apostrophe et du faible mouvement que je fais pour le repousser, que de l'attitude, tout à la fois majestueuse et menaçante d'une assemblée des représentans de la nation, dont plusieurs quittent leurs places et marchent vivement à sa rencontre, ce militaire se trouble, se retire au milieu de sa garde, et disparaît avec elle.

Son éloignement ne fait que redoubler l'agitation. Le bureau se trouve à l'instant assiégé par un grand nombre de députés qui accablent le président des plus amers reproches. Je monte auprès de lui; je lui témoigne ma surprise d'une démarche qui menace la représentation nationale de dissolution, et la république des plus affreux déchiremens : « Non, me dit-il, avec la plus grande émotion; » l'on se trompe ; mon frère n'a que des desseins » généreux et favorables à la liberté. J'ai même » tout lieu de croire qu'il ne se présentait au conseil » que pour remettre des pouvoirs dont il a dû » déjà sentir la surcharge; et si je pouvais, ajouta- » t-il, parvenir à me faire entendre, il me serait

» facile de rendre à l'assemblée le calme que ré-
» clament les grands intérêts de la patrie. »

Après avoir reçu sa parole qu'il s'exprimerait dans ce sens, et dans l'espérance d'un heureux effet de cette explication, je fis, auprès de mes collègues, qui occupaient en foule la tribune et ses avenues, les plus vives instances pour laisser la place à Lucien. Ce n'est qu'après maints et maints efforts que je parvins à en dégager le côté droit, où sa présence occasiona un moment de silence. Il en profita pour inviter les conseil à juger avec moins de rigueur la conduite de son frère. Mais, lorsque, pour mieux l'y disposer, il vint à rappeler les services de ce général, une voix s'éleva du fond de la salle, et fit entendre ces paroles : « *Il vient d'en perdre tout le prix : à bas le dictateur, à bas les tyrans !* »

A ces mots, et comme si l'orage n'eût été suspendu quelques instans que pour reprendre avec plus de fureur, le trouble devint inexprimable. C'est en vain que Talot, Destrem, Scherlok et autres proposèrent, au milieu du désordre, des mesures de sûreté, il leur fut impossible de les faire adopter. Et toi, brave officier de la garde, qui osas te présenter en annonçant que tu venais prendre les ordres du conseil, ton courageux dévouement fut aussi perdu pour la liberté ! Mais applaudis-toi ; si ton action fut sans fruit, elle est du nombre de celles qui portent avec elles une bien douce récompense.

Cependant Lucien avait, lorsqu'il eût perdu tout espoir de se faire entendre, déposé son manteau sur la tribune. Un détachement de grenadiers avait facilité sa sortie, et lui procura le moyen de haranguer les soldats. Chazal l'avait remplacé au fauteuil; l'anxiété était devenue extrême; quelques députés, j'étais de ce nombre, pressaient le conseil d'adopter la proposition de Talot, de sortir en masse, et d'aller, au milieu de la force armée, chercher à Paris protection et sûreté. D'autres prétendaient, au contraire, qu'il était plus digne de la représentation nationale de braver à son poste les derniers outrages de la tyrannie. Mais un détachement d'environ vingt grenadiers, précédé d'un adjudant général, qui notifia verbalement au conseil l'ordre d'évacuer la salle, mit fin à cette irrésolution. Ces soldats s'avançaient lentement; le commandant fut abordé par le député Prudon, qui le rappela fortement au respect qu'il devait aux élus du peuple. Jourdan et plusieurs autres s'adressèrent aux grenadiers; personne cependant ne paraissait à la tribune pour y réclamer contre une aussi scandaleuse violation des droits les plus sacrés. Je me décidai à ce dernier effort, et j'éprouvai bientôt ce que peuvent le devoir et le patriotisme sur des soldats français. A peine leur eus-je rappelé que l'action dans laquelle on les engageait était contraire à leurs sermens, à l'intérêt de leur gloire, et ne pouvait qu'être funeste à la république, que leurs regards, fixés sur moi, m'exprimèrent le regret et l'indécision. J'en conçus quelque espérance ; mais le sort en était jeté. Le général Leclerc paraît à la tête d'un renfort d'environ cinquante hommes, en s'écriant : « *Au nom du général* » *Bonaparte, le corps législatif est dissous, que* » *les bons citoyens se retirent : grenadiers, en* » *avant.* » Aussitôt, ce même bruit, qui avait étouffé les accents de la royauté expirante, dut servir aussi à couvrir la voix de la patrie, toujours assez puissante, quelle que soit la faiblesse de l'organe qui la fait entendre..... Des tambours battent le pas de charge. Les membres du conseil se remettent en place et assis. Aussitôt la troupe pénètre jusqu'au fond de la salle, s'y forme dans toute sa longueur, et parvient à se rendre maîtresse de la *place*, toutefois avec une lenteur qui atteste en même-temps et la répugnance des soldats, et la noble résistance des députés......... A cinq heures et demie l'assemblée est dissoute.

C'est ainsi, c'est par cette *manœuvre habile* que s'opéra le renversement du gouvernement représentatif d'une nation puissante et éclairée. Ce que l'Europe, coalisée deux fois pour cette entreprise, avait toujours tenté en vain, ce que la guerre civile, la famine et tous les genres de dissensions appelés sur la France par les ennemis de cet ordre politique n'avaient pu opérer, soixante soldats égarés par un chef qui ne garda pas lui-même, dans cette circonstance, sa contenance ordinaire, l'exécutèrent.

Accordons cependant, s'il le faut, que ce succès est dû au génie, à la grandeur d'âme, et qu'il dût mériter à Bonaparte le titre de héros, sauveur de la France; mais convenons qu'il est juste au moins que les vaincus repoussent la honte dont on a voulu couvrir leur défaite.

Il ne s'agit pas, et cela serait difficile sans doute, de justifier la conduite du corps-législatif jusqu'à cette époque. Sans prétendre donc le sauver du reproche de n'avoir pas su respecter la source de son pouvoir, de n'avoir pas su en apprécier les forces et en user à temps pour déjouer les factions nourries dans son sein, et pour contraindre le directoire exécutif à arrêter les désordres et corriger les vices de son administration; sans rappeler enfin un passé qui retrace à chacun des excès coupables ou de funestes erreurs, et qu'il faudrait oublier, si l'avenir n'en réclamait les fruits utiles de l'expérience; il est cependant vrai, il est de fait, il est écrit même dans les récits officiels de cette journée, que la liberté trouva encore de zélés défenseurs dans le conseil des anciens; que celui des cinq cents, affaibli par les divisions, privé de tout appui, et sans s'arrêter au péril dont il était menacé, se souleva contre la seule présence de Bonaparte, et ne balança pas à porter son arrêt de mort.

Hé ! que l'on ne pense pas que ce fût l'action de quelques individus ! elle appartient à la presque totalité de ce conseil ; des chefs du parti, dont plusieurs n'auraient voulu qu'un homme d'exécution, mais qui, sans doute, commençaient à redouter un maître, furent entraînés dans ce mouvement généreux.

Quant aux poignards dont on a prétendu que Bonaparte dut être frappé, c'est une de ces fictions que le parti vainqueur a très-maladroitement ajusté à son récit. Car, sans présenter ma simple dénégation pour en établir la fausseté, il suffit de remarquer qu'il est implicitement démenti par le langage que Lucien tint au conseil peu d'instans après l'espèce d'apparition du général : personne n'avait pu mieux observer que lui ce qui venait de se passer ; et, certes, ce ne sont pas de timides explications qu'il eût essayé de faire entendre, s'il avait vu les jours de son frère aussi dangereusement menacés.

Laissons donc cette imposture, laissons l'annonce que l'on s'empressa d'en faire, le soir même, sur tous les théâtres de la capitale, ainsi que les témoignages de reconnaissance donnés par madame Bonaparte au grenadier qui avait eu la complaisance de recevoir dans son habit le coup porté à son mari, laissons surtout le perfide honneur que l'on voulut en faire au député Aréna; laissons cette fable grossière, utile peut-être au succès du moment, mais que l'impartiale histoire appréciera à sa juste valeur; rappelons plutôt le courage de cette assemblée, attaquée comme un poste ennemi, et qui reste inébranlable jusqu'à ce que la violence arrache chacun de ses membres de la place que lui a assigné la volonté du peuple ; voyons-en plusieurs la défendre corps à corps; remarquons, parmi tant de traits du véritable héroïsme le respectable Vitet, découvrant sa poitrine, s'offrant aux coups des soldats, que sa contenance est près de désarmer; sachons apprécier tous ces actes de dévouement; et convenons que si César, marchant au sénat, pour se ceindre le front du diadème, y reçut la punition de son audace de la part d'un petit nombre de conjurés; que si Cromwel, insultant à un parlement qu'il venait dissoudre, n'entendit que de faibles murmures, et consomma impunément son attentat, la conduite du conseil des cinq cents, le 19 brumaire, est un de ces monumens de fidélité propre à attacher les peuples à l'existence d'une représentation nationale, et à inspirer aux ambitieux un juste et salutaire effroi.

FIN.

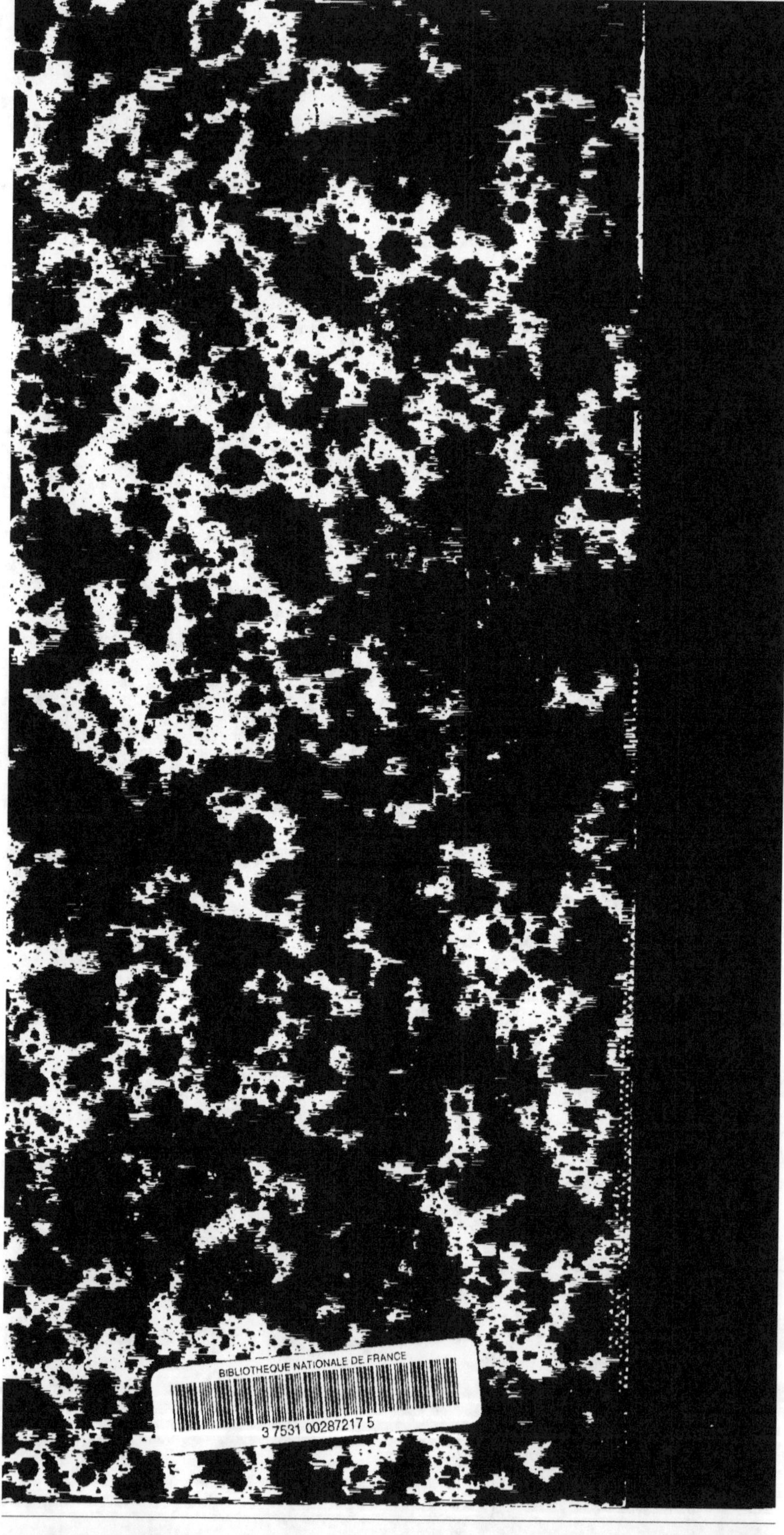

www.ingramcontent.com/pod-product-compliance
Lightning Source LLC
Chambersburg PA
CBHW070829160726
PP18578800001B/91